NHKスペシャル制作班

アニメドキュメント

あの日、僕らは戦場で

少年兵の告白

新日本出版社

もくじ

あの日、僕らは戦場で

少年兵の告白

プロローグ

やんばるの森で戦《たたか》った〝少年ゲリラ部隊《ぶたい》〟

七〇年前、沖縄《おきなわ》のジャングルで戦《たたか》った少年たちがいました。

隊員《たいいん》はおよそ一〇〇〇人。日本軍《にほんぐん》で唯一《ゆいいつ》の、少年ゲリラ部隊《ぶたい》です。

一〇代なかばの少年たちが、アメリカ軍と戦いました。

幼《おさな》くして兵士《へいし》にされた少年たちは、敵《てき》と殺《ころ》し合《あ》い、友が死ぬのを目《ま》の当《あ》たりにしました。

日本軍とアメリカ軍が激突《げきとつ》した沖縄戦《おきなわせん》では、およそ二〇万人が激《はげ》しい地上戦《ちじょうせん》によって命を落としています。

その沖縄戦《おきなわせん》で、一〇代なかばの少年たちが兵士《へいし》となり、凄惨《せいさん》な戦《たたか》いをくりひろげたのです。

部隊《ぶたい》の名前は、「護郷隊《ごきょうたい》」。

これまで語られることのなかった悲劇《ひげき》です。

存在《そんざい》をかくして戦うゲリラ部隊だったため、そのくわしい実態《じったい》はわかっていません。

映像《えいぞう》も残《のこ》されていない「護郷隊の戦争《せんそう》」を、元少年兵《もとしょうねんへい》の証言《しょうげん》をもとにたどります。

少年たちは過酷《かこく》な訓練《くんれん》によって次《し》第《だい》に人間らしい心を奪《うば》われ、兵士《へいし》に変《か》えられていきました。
なぜ、日本は、未来《みらい》を担《にな》う子どもたちを、戦場《せんじょう》に送《おく》り込《こ》んだのでしょうか。
子どもを戦場へと駆《か》り立《た》てていった〝戦争《せんそう》の狂気《きょうき》〟。七〇年前のあの日。少年たちは戦場で何を見たのでしょう――。

元《もと》護郷隊員《ごきょうたいいん》たちが
口を開き始めた

沖縄《おきなわ》本島北部の東村《ひがしそん》。海と山のあいだに家いえが点在《てんざい》するこの村で、玉那覇有義《たまなはゆうぎ》さんは、生まれました。

素潜《すもぐ》りをしてエビをいっぱいとってくるのが、一六歳《さい》だった有義さんの日課《にっか》でした。

夕方になると、重いたきぎを背《せ》負《お》って山からおりてくるお父さんを迎《むか》えに出ます。

お父さんは木こりと漁師《りょうし》をして暮《く》らしをたてていました。

「父ちゃーん！　ずいぶん切ってきたねえ」

「有義《ゆうぎ》。ヤギの世話は終わったかー?」

　お父さんが背中《せなか》にしょっていたたきぎをおろすと、かわって有義さんが背負《せお》います。

「うん、とっくにさ。今日は海でおおきなエビをとったよ」

「そうか。よくやったなあ」

　お父さんは有義さんの頭をやさしくなでました。

「木こりもいいけどさ、やっぱり俺《おれ》、うみんちゅ(海人)が向いてるかなあ」

「それもいいさ。山と海の恵《めぐ》みはいくらでもあるからな。はっはっはっ」

家までの道のりをお父さんと肩《かた》をならべて歩くのが、有義《ゆうぎ》さんは楽しみでした。

お父さんとともに帰宅《きたく》した有義さんにお母さんが声をかけました。

「お帰り。有義、あんたそんなにたくさんのたきぎを背負《せお》って」

「おにいちゃん、力もち！」

妹が、声をあげます。

「えへへ。俺《おれ》、最近《さいきん》うでずもうじゃだれにも負けたことないさ」

有義さんは自慢《じまん》げに力こぶをつくってみせるのでした。

一九四四年、沖縄《おきなわ》北部の少年たちは、軍《ぐん》の飛行場《ひこうじょう》づくりに動員されました。

有義《ゆうぎ》さんもその一人です。

「ふぅ〜っ。ここに徴用《ちょうよう》されるのは、もう二回目だぞ」

ふりしきるようなセミの声。額《ひたい》のあせをぬぐった有義さんに声がかかりました。

「有義！」

「おまえ、よばれてるぜ」

「力持ちだから、ごほうびでもくれるのかな」

おどける有義さん。

青年団《せいねんだん》の幹部《かんぶ》のところへいくと、有義《ゆうぎ》さんのほかにも数人が集められていました。

「玉那覇《たまなは》有義」

「はいっ」

「陸軍《りくぐん》より名護《なご》国民《こくみん》学校にくるようにということだ。すぐに荷物をまとめて船に乗れ」

「えっ！　すぐに？」

急なことにびっくりしながら、この時、有義さんは、力自慢《ちからじまん》をかわれ、べつの作業によばれたんだと思いこんでいました。

一〇月下旬《げじゅん》からおよそ七〇〇人の子どもたちが、名護国民学校《なごこくみんがっこう》に集められました。

「全員そろったな。各自《かくじ》自分の名札《なふだ》をさがせ。着替《きか》え終わったら校庭に集合！」

上官《じょうかん》の声がひびきました。

指示《しじ》された部屋に入ると、寝台《しんだい》の上に名札のついた軍服《ぐんぷく》・脚絆《きゃはん》・編上《へんじょう》靴《か》がありました。

「へえ、本物の軍服《ぐんぷく》だ！　上等だなぁ」

この時、有義《ゆうぎ》さんは、あともどりできない一線をこえてしまったことにまったく気づいていませんでした。

「少年たちの戦争《せんそう》」は、きびしい訓練《くんれん》からはじまりました。

ほふく前進の訓練をしていた時です。少年のひとりがおくれはじめました。

「そこっ、おくれるな！」

上官《じょうかん》がさけんだ時、

「ちばりよー（がんばれ）、これがすめばやすめるさぁ」

振《ふ》り返《かえ》って仲間《なかま》をはげます有義《ゆうぎ》さん。その時です。

「なにをあまったれておるか、戦場《せんじょう》では通用せんぞ！」

上官《じょうかん》がさけびました。

「軍隊《ぐんたい》では、なさけは禁物《きんもつ》なんじゃ！」

上官は、ズボンからはずしたベルトをムチのようにしならせ、有義《ゆうぎ》さんの体を何度も何度も打ちました。

「足手まといをかばう余裕《よゆう》はない！立て！」

傷《きず》だらけで立ち上がることもできない有義さんを、上官はくり返し打ちつづけるのでした。

校庭でうつぶせになった有義さんの眼《め》から、大つぶのなみだが流れました。

射撃《しゃげき》の訓練《くんれん》も行われました。
「よいか。きさまたちは、護郷隊《ごきょうたい》にえらばれた。故郷《こきょう》をまもるほまれ高き部隊《ぶたい》である。撃《う》て！」
銃声《じゅうせい》がひびきます。
有義《ゆうぎ》さんに射撃の順番《じゅんばん》がまわってきました。しかし、銃身《じゅうしん》がふるえて、狙《ねら》いが定まりません。

その時、上官《じょうかん》が有義《ゆうぎ》さんの耳元でささやきました。

「一〇人だ。敵《てき》を一〇人殺《ころ》したら、死んでもいい」

「じ、一〇人……？」

有義さんは、覚悟《かくご》を決めて引き金をひきました。

上官のことばは、いつまでも有義さんの耳元から消えませんでした。

さらに、くり返し行われたのが軍人勅諭の暗唱《あんしょう》です。

「ひとつ軍人は忠節《ちゅうせつ》を尽《つ》くすを本分とすべし」

「ひとつ軍人は忠節を尽くすを本分とすべし」

上官《じょうかん》のあとにつづいて唱和《しょうわ》する有《ゆう》義《ぎ》さんたち。

「およそ生を我《わ》が国《くに》に受くるものたれかは国に報《むく》ゆるの心なかるべき」

「およそ生を我が国に受くるものたれかは国に報ゆるの心なかるべき」

上官《じょうかん》が有義《ゆうぎ》さんの目の前で足をとめました。

「玉那覇《たまなは》、義《ぎ》は山嶽《さんがく》よりも重く、この後は？」

「死は……、死ぬのは……」

有義さんがすぐにこたえられずにいると、上官は、有義さんのほおをなぐりつけました。

「死は鴻毛《こうもう》よりも軽しと覚悟《かくご》せよ。きさまらの命は鳥の羽よりも軽い。死をおそれるなということだ。わかったか！」

「はいっ！」

軍人勅諭《ぐんじんちょくゆ》の暗唱《あんしょう》が終わるころには、
なぐられつづけた少年たちのほおは、
いつも赤黒くはれあがっていました。
そして、「護郷隊歌《ごきょうたいか》」を何度も歌わ
されました。

国防《こくぼう》の基地《きち》沖縄《おきなわ》に
ああ驕敵《きょうてき》の攻《せ》むあらば
鍛《きた》えし腕《かいな》に銃《つつ》とりて
墳墓《ふんぼ》の地をば守るべし
その名も我《われ》ら護郷隊

（作詞者不詳）

「一〇人殺《ころ》したら死んでもよい」「死は鴻毛《こうもう》よりも軽し」――きびしい訓《くん》練《れん》と制裁《せいさい》の毎日がつづきました。あどけない少年だった有義《ゆうぎ》さんを変《か》えた強烈《きょうれつ》な体験《たいけん》でした。

いつしか有義さんはいつ死んでもいいと考えるようになっていました。それどころか、死んだら靖国神社《やすくにじんじゃ》に送るといわれ、喜《よろこ》ぶ気持ちになっていたのです。

死の恐怖《きょうふ》を突《つ》きつけられたことで、異常《いじょう》な精神状態《せいしんじょうたい》に追《お》い込《こ》まれた少年もいました。

広場に整列した東《あがり》江《え》平之《なりゆき》さんたちに隊長《たいちょう》がいいました。平之さんは、当時一四歳《さい》でした。

「きさまら。まもなくアメリカ軍《ぐん》が来る。死ぬ覚悟《かくご》はできているか！」

「はい！」

平之さんに隊長が声をかけます。

「おい、そこのきさま。きさまは死ぬ覚悟はできているのか？」

「は、はい！」

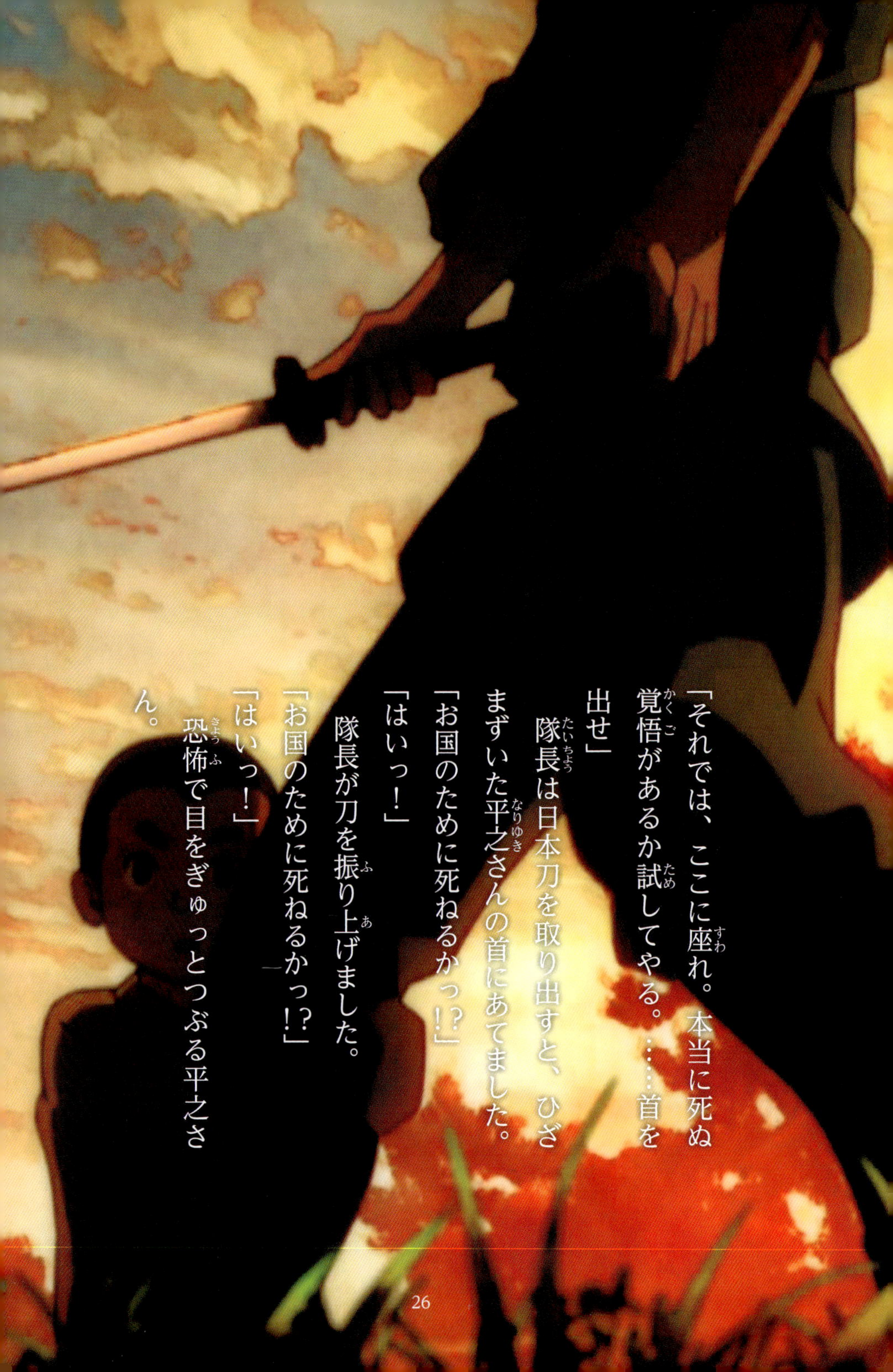

「それでは、ここに座《すわ》れ。本当に死ぬ覚悟《かくご》があるか試《ため》してやる。……首を出せ」

隊長《たいちょう》は日本刀を取り出すと、ひざまずいた平之《なりゆき》さんの首にあてました。

「お国のために死ねるかっ!?」

「はいっ!」

隊長が刀を振《ふ》り上《あ》げました。

「お国のために死ねるかっ!?」

「はいっ!」

恐怖《きょうふ》で目をぎゅっとつぶる平之さん。

「お国のために死ねるかっ!?」

「はいっ!」

「お国のために死ねるかっ!?」

「はいっ!」

「お国のために死ねるかっ!?」

　何度も何度も問われるうちに、平《なり》之《ゆき》さんの心はまひしていきました。

「よし。それでいい」

　隊長《たいちょう》は刀をさやにおさめました。

　平之さんは、目を大きく見開いたまま、動けません。

　自分の将来《しょうらい》のことも、家族のことも、もう何も考えることができなくなっていました。

護郷隊《ごきょうたい》に至《いた》る道

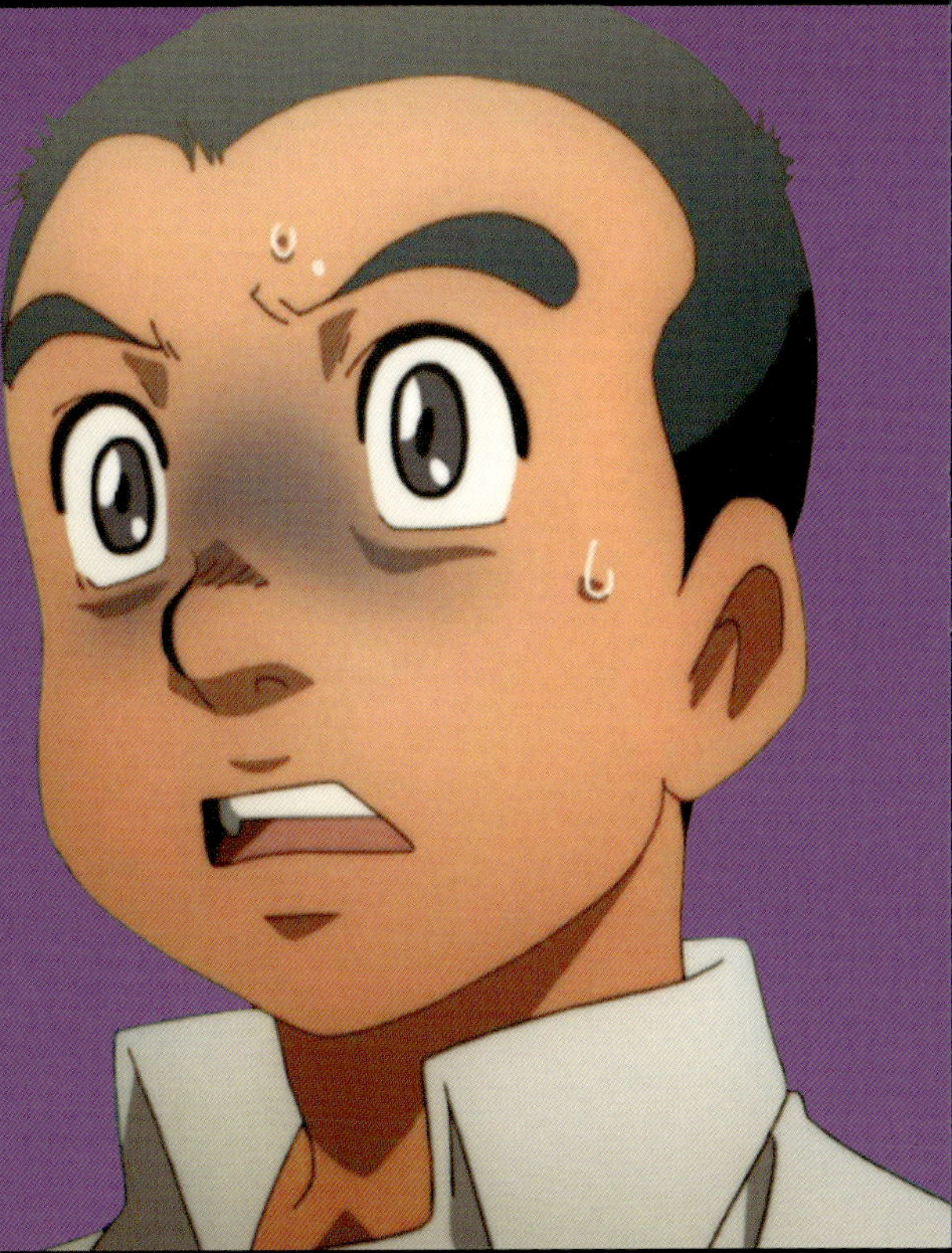

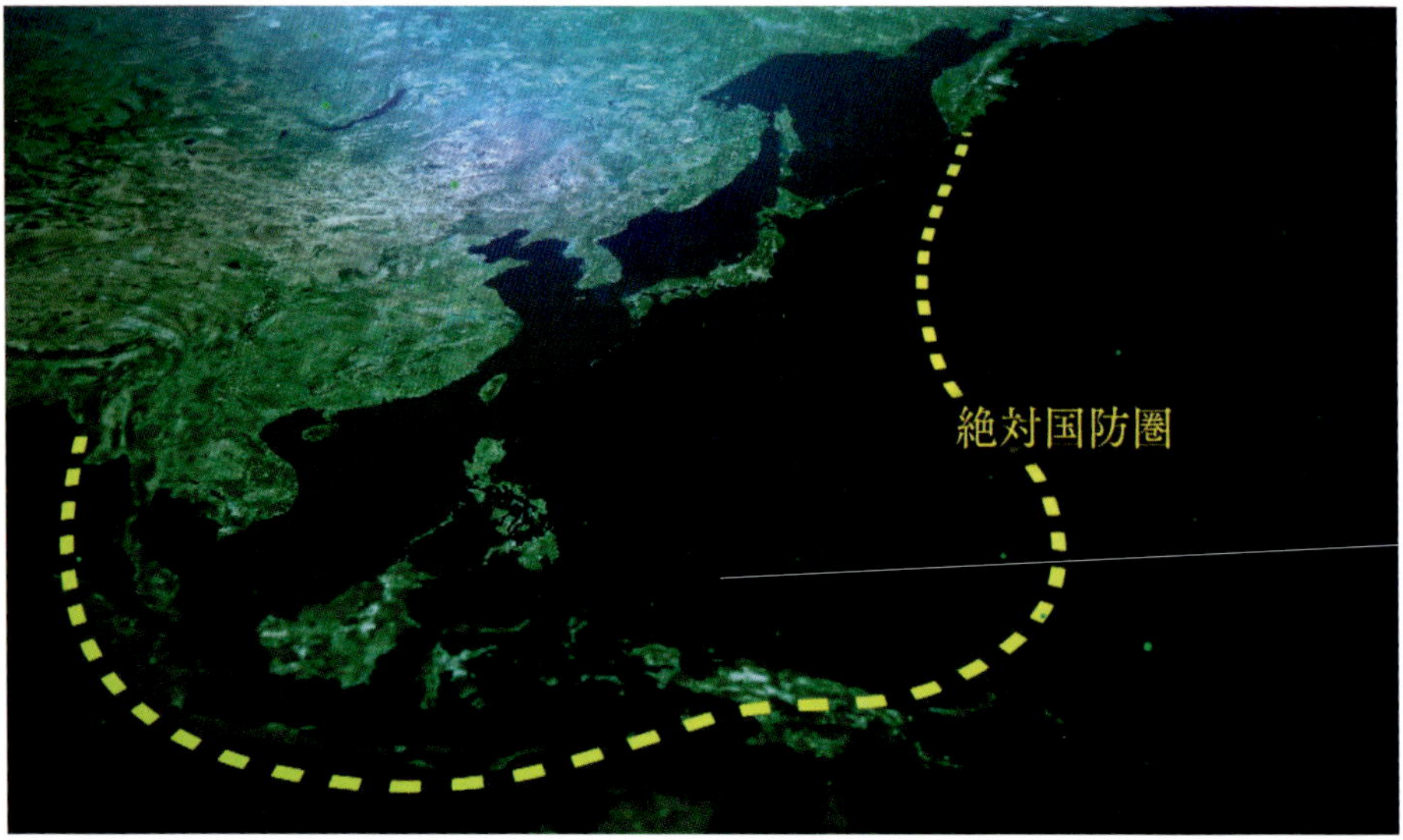

護郷隊《ごきょうたい》は、山にひそみ、存在《そんざい》をかくしながら、最前線《さいぜんせん》で奇襲攻撃《きしゅうこうげき》を繰《く》り返《かえ》すゲリラ部隊《ぶたい》でした。

護郷隊が作られた当時、日本は、乗組員が命を捨《す》てて突撃《とつげき》する、「特《とっ》攻《こう》」を行うまでに追《お》い詰《つ》められていました。

日本が「絶対国防圏《ぜったいこくぼうけん》」とした地域《ちいき》は、アメリカ軍《ぐん》を中心とする連合国軍《れんごうこくぐん》に突破《とっぱ》され、日本は、アジア・太平洋の拠点《きょてん》を次々に失《うしな》いました。連合国軍がいよいよ沖縄《おきなわ》に迫《せま》っていたのです。

そんな中、日本軍《にほんぐん》が注目したのは、遊撃戦《ゆうげきせん》――すなわち「ゲリラ戦」でした。

ゲリラ戦とは、敵《てき》に正面からいどむのではなく、ジャングルなどに潜《せん》伏《ぷく》し、奇襲攻撃《きしゅうこうげき》を繰《く》り返《かえ》す戦《たたか》いです。

日本軍が日本本土や沖縄《おきなわ》でのゲリラ戦を想定《そうてい》して作った極秘《ごくひ》のマニュアルには、敵陣《てきじん》に忍《しの》び込《こ》み飛行場《ひこうじょう》などを破壊《はかい》したり、上陸《じょうりく》したアメリカ軍に砲火《ほうか》や爆破《ばくは》などでゲリラ攻撃を仕掛《しか》け、混乱《こんらん》に陥《おとしい》れたりする戦術《せんじゅつ》が記されています。

こうしたゲリラ戦《せん》の研究を行っていたのが、「陸軍中野《りくぐんなかの》学校」でした。スパイや謀略《ぼうりゃく》を専門《せんもん》とする秘密組織《ひみつそしき》です。この組織の出身者が、沖縄《おきなわ》の少年ゲリラ部隊《ぶたい》「護郷隊《ごきょうたい》」を作ったのです。

さらに、当時、沖縄には、連合国《れんごうこく》軍《ぐん》が迫《せま》る中、本土への侵攻《しんこう》を一日でも遅《おく》らせることが求《もと》められていました。

――一九四四年一〇月。

最高司令部《さいこうしれいぶ》・大本営《だいほんえい》の命令《めいれい》を受け、中野《なかの》学校出身の将校《しょうこう》たちは、地元の軍人とともに、沖縄《おきなわ》にゲリラ部隊《ぶたい》を設立《せつりつ》しました。

こうしてできたのが護郷隊《ごきょうたい》でした。兵力不足《へいりょくぶそく》に苦しんでいた日本は、一七歳《さい》（兵士にできる年齢《ねんれい》）に達《たつ》していない少年たちをもゲリラ兵として最前線《さいぜんせん》に送り出したのです。

軍《ぐん》が兵力不足を補《おぎな》うため、沖縄や一部の地域《ちいき》で一七歳未満《みまん》を召集《しょうしゅう》出来るように法令《ほうれい》を定めたのは、一九四四年の一二月のことでした。

しかし、玉那覇有義《たまなはゆうぎ》さんら多くの少年が召集《しょうしゅう》されたのは、それより二か月前の一〇月のことでした。つまり、護郷隊《ごきょうたい》の召集はそもそも法令《ほうれい》に違反《いはん》していたのです。

さらに召集の条件《じょうけん》も守られていませんでした。

法令には一四歳以上《さいいじょう》で、かつ、自《みずか》らの「志願《しがん》」であることと明記されています。

しかし、実態《じったい》は、「志願」とはほど遠いものだったという人もいます。

一五歳《さい》の仲泊栄吉《なかどまりえいきち》さんは、お国のために戦《たたか》う決意でした。

「いよいよアメリカとの戦いだ。やるぞ、俺《おれ》は」

「でも、俺たちみたいな子どもばっかりじゃあ……栄吉、お前、怖《こわ》くないのか？」

「へっ。怖いんならやめといた方がいいよ」

栄吉さんが級友と話していた時、上官《じょうかん》の声が響《ひび》きました。

「校庭に集合！　急げ！」

大急ぎで校庭に整列した栄吉《えいきち》さんらに隊長《たいちょう》はいいました。

「きさまらは、誉《ほま》れ高き護郷隊《ごきょうたい》の隊員《たいいん》として選《えら》ばれた。アメリカから故郷《ふるさと》を守るため戦《たたか》う部隊《ぶたい》だ」

「ごきょう……たい？」

「いやな者は、これから帰っても構《かま》わない……」

刀を腰《こし》にさした隊長は、そこで言葉をきりました。栄吉さんは緊張《きんちょう》してつばを飲《の》み込《こ》みます。

「ただし！　帰ったやつのところには、一枚《いちまい》の葉書が届《とど》くだろう。そしてこうだ！」

というと、隊長《たいちょう》は刀をふりおろすように、指をそろえた右手で左のてのひらを切る仕草をしました。

　校庭にどよめきがひろがります。

「きさまらなんぞ、葉書一枚《いちまい》でどうにでもなる。覚《おぼ》えておけ！」

　栄吉《えいきち》さんは言葉もありませんでした。

「志願《しがん》」とは名ばかりの実態《じったい》でした。国は、「ふるさとを護《まも》る」という大義《たいぎ》のもと、なりふりかまわず、少年たちを召集《しょうしゅう》していきました。

　こうして、本土防衛《ぼうえい》の最前線《さいぜんせん》とされた沖縄《おきなわ》で少年たちはゲリラ兵《へい》として戦《たたか》うことになったのです。

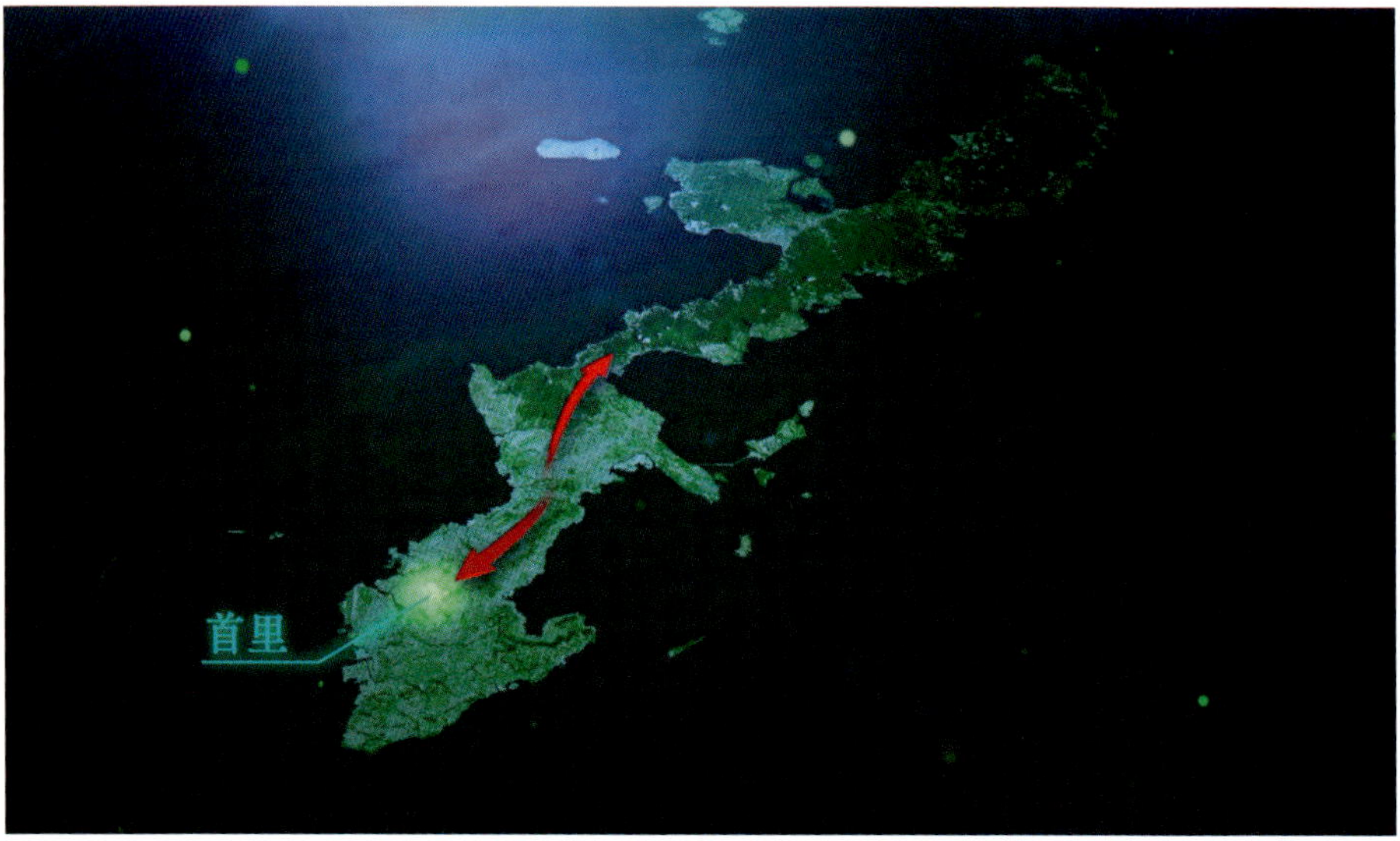

一九四五年四月一日、アメリカ軍《ぐん》はおよそ一八万の兵力《へいりょく》で、沖縄《おきなわ》への上陸作戦《じょうりくさくせん》を開始しました。

少年たちも戦闘《せんとう》へとかり出されることになります。

アメリカ軍は、本島中部の海岸に上陸。二手に分かれ、主力は日本軍《にほんぐん》の司令部《しれいぶ》があった首里《しゅり》を目標《もくひょう》に南下、もう一方の、北に向かったアメリカ軍は、およそ五万の兵力《へいりょく》で、本島北部の制圧《せいあつ》をはかりました。

それを迎《むか》え撃《う》つ日本軍は、およそ三五〇〇人。このうち護郷隊《ごきょうたい》およそ一〇〇〇人は多野岳《たのだけ》と恩納岳《おんなだけ》に拠点《きょてん》を置《お》きました。

亜熱帯《あねったい》のジャングルに身をひそめた少年たち。ここでアメリカ軍《ぐん》と過酷《かこく》な戦《たたか》いを繰《く》り広《ひろ》げることになります。

当時、玉那覇有義《たまなはゆうぎ》さんは恩納岳《おんなだけ》にいました。厳《きび》しい訓練《くんれん》でゲリラ兵《へい》にされた有義さんは、子どもであることを利用《りよう》した作戦《さくせん》を命じられます。

「アメリカの陣地《じんち》に夜襲《やしゅう》をかけ、燃料《ねんりょう》を焼《や》き払《はら》い、敵兵《てきへい》をせん滅《めつ》する！　そのためには陣地内部の情報《じょうほう》が要《い》る。……玉那覇！　きさまに偵察《ていさつ》を命ずる！」

「はいっ！」

恩納岳《おんなだけ》山中で上官《じょうかん》が有義《ゆうぎ》さんに命《めい》令《れい》をくだしました。

背《せ》が低《ひく》く、幼《おさな》い顔立ちだった有義さんは、民間人《みんかんじん》の子どものフリをして偵察《ていさつ》するよう命じられたのです。

一般《いっぱん》の子どもと思われるよう、軍《ぐん》服《ぷく》を着物に着替《きか》えた有義さん。山を下りていく有義さんに上官がいいわたしました。

「玉那覇《たまなは》、きさまの行動は山頂《さんちょう》から見ておるぞ」

有義さんは、不安《ふあん》を振《ふ》り払《はら》うように草をかきわけかきわけ、前にすすみました。

アメリカ軍《ぐん》の陣地《じんち》についた有義《ゆうぎ》さんは米兵《べいへい》に呼《よ》び止《と》められました。

「Hey, you!」（「おいお前！」）

「Are you lost?」（「迷子《まいご》かい？」）

見張《みは》りの米兵二人は、警戒《けいかい》するようすもなく、有義さんに話しかけてきました。

「He looks hungry. Come on!」

（「腹《はら》がへってるんだろう。おいで！」）

「Try it!」（「食べてみな」）

米兵から差《さ》し出《だ》されたチョコレートをおそるおそる口にいれると、

「あ、あまい……」

有義《ゆうぎ》さんはあわててチョコレートをほおばりました。

「ごほっ、ごほっ」

せきこむ有義さんに、米兵《べいへい》は笑《わら》いながら声をかけました。

「Ha,ha,ha. Easy, easy.」（「ははは、ゆっくりでいいんだよ」）

「Ha,ha,ha」（「ははは」）

有義さんは素早《すばや》く陣地《じんち》の様子を記《き》憶《おく》しました。

（四人が入ったテントが五つ。入り口から四〇メートル先にドラム缶《かん》一〇〇個《こ》、おそらくガソリン入り。子どもなら用水路で回《まわ》り込《こ》める……裏《うら》には見張《みは》りなし）

「さ、さんきゅー」

お礼を言って立ち去ろうとした時、米兵《べいへい》が有義《ゆうぎ》さんを呼《よ》び止《と》めます。

「Wait! You are welcome. Next time, we'll give you some food. OK?」（「ちょっと待って！　今度はもっといい食べ物あげるよ。また、おいで」）

「さんきゅー、ぐっばい」

振《ふ》り向《む》いた有義さんは、平静《へいせい》をよそおい手をふりました。

「Good bye!」（「ぐっばい」）

引き上げながら、有義さんはアメリカ軍《ぐん》の陣地《じんち》の記憶《きおく》を確認《かくにん》しました。

（……四人が入ったテントが五つ。入り口から四〇メートル先にドラム缶《かん》……）

部隊《ぶたい》にもどると、有義《ゆうぎ》さんは陣地《じんち》の様子を上官《じょうかん》に報告《ほうこく》しました。

その日の夜。

有義さんは、アメリカ軍《ぐん》の陣地を夜襲《やしゅう》する部隊の中にいました。

陣地の様子を確認《かくにん》した上官が命じました。

「よし。玉那覇《たまなは》の情報通《じょうほうどお》りだ。爆破班《ばくははん》は、用水路から回り込めっ」

少年たちは身軽な様子で用水路に飛《と》び込《こ》みました。

「よし、攻撃《こうげき》！」

ドーン！

真っ赤な火柱が立ち上りました。

「Jesus! Put out that fire!」（「なんてこった、火を消せ！」）

叫《さけ》んでいたのは、昼間、有義《ゆうぎ》さんにチョコレートをくれた米兵《べいへい》でした。

「ああ……」

有義さんの頭の中で、いつかの上《じょう》官《かん》の声がかけめぐっていました。

――敵《てき》を一〇人殺《ころ》したら、死んでもいい。一〇人だ……。

有義さんはアメリカ軍《ぐん》のテントに向かい、夢中《むちゅう》で持っているだけの弾《たま》をうちつづけたのです。

「命令《めいれい》だからやるしかない」

と、思っていました。

アメリカ軍《ぐん》は上陸《じょうりく》直後の四月の段《だん》階《かい》で、護郷隊《ごきょうたい》の存在《そんざい》を把握《はあく》、次のように分析《ぶんせき》していました。

「護郷隊は訓練《くんれん》によって軍国主義《ぐんこくしゅぎ》の精《せい》神《しん》をすり込《こ》まれている。天皇《てんのう》のため、自《みずか》らの命を犠牲《ぎせい》にしてまで、攻撃《こうげき》を行う部隊《ぶたい》だ」

当時アメリカ軍は、沖縄《おきなわ》の戦場《せんじょう》で日本軍《にほんぐん》と行動をともにする少年たちに遭遇《そうぐう》していました。

兵士《へいし》と女性《じょせい》や子どもなどの民間人《みんかんじん》を区別《くべつ》しようとしていたアメリカ軍ですが、沖縄ではそれが困難《こんなん》になっていました。

まだ幼《おさな》さの残《のこ》る少年が襲《おそ》ってくる沖縄《おきなわ》の戦場《せんじょう》。米兵《べいへい》たちの攻撃《こうげき》は次第《しだい》に無差別《むさべつ》なものとなっていきました。

その結果《けっか》、多くの住民《じゅうみん》が犠牲《ぎせい》となりました。

故郷《ふるさと》を護《まも》るために戦《たたか》った少年兵《しょうねんへい》たち。しかし、その思いは果《は》たされなかったのです。

さらに戦争《せんそう》は少年たちの心をかえていきました。次第《しだい》に命を捨《す》てることを疑問《ぎもん》に思わなくなっていったのです。

こうした体験《たいけん》は少年たちの心に深い傷《きず》を残《のこ》しました。戦争は少年たちの命を危険《きけん》にさらしただけでなく、心をもむしばんでいったのです。

偽《いつわ》りだった〝護郷《ごきょう》〟

北部全域《ぜんいき》の制圧《せいあつ》をめざしていたアメリカ軍《ぐん》は、圧倒的《あつとうてき》な兵力《へいりよく》で村々を占領《せんりよう》していきました。

一九四五年四月一七日。

護郷隊《ごきようたい》はアメリカ軍を奇襲《きしゆう》するため、山の中を進んでいました。

このとき、照屋義松《てるやよしまつ》さんは一五歳《さい》。部隊《ぶたい》の道案内《みちあんない》を務《つと》めていました。

護郷隊の攻撃目標《こうげきもくひよう》は、義松さんのふるさと、真喜屋《まきや》に駐留《ちゆうりゆう》するアメリカ軍でした。

真喜屋近くにやってきた時、望遠鏡《ぼうえんきよう》をのぞき込《こ》んでいた隊長《たいちよう》がいいました。

「うむ。わんさかアメリカがいるぞ。まさか、奇襲《きしゅう》を受けるとは思っていないようだ。照屋《てるや》、この道でいいんだな？」

「はい」

（まさか、自分の村に戦《たたか》いに来るとはなあ。あっ、うちだ。まだ、無事《ぶじ》さー。父ちゃんが出稼《でかせ》ぎして建《た》てた家）

義松《よしまつ》さんは平和だった頃《ころ》のわが家を思い出していました。

「義松《よしまつ》、みんなのごはんよそってくれるかー」

台所から顔をのぞかせて、母ちゃんが義松さんにいいました。

「はーい」

「おっ、今日は白飯《しろめし》かあ」

「アイナ（やった）！　お米だ、お米だ」

はしゃぐ弟を義松さんがたしなめます。

「行儀悪《ぎょうぎ》いぞ！」

「あはははは」

義松さんの家は、父ちゃんと母ちゃん、兄弟の笑顔《えがお》であふれていました。

（いくさが終わったら、すぐに帰りたい……）

義松《よしまつ》さんは心の中でつぶやきました。その時――。

「突撃《とつげき》ー！」

奇襲《きしゅう》が開始されたのです。

「何をしとるか！」

呆然《ぼうぜん》として動かない義松さんを、隊長《たいちょう》がとがめました。

静《しず》かな集落に銃声《じゅうせい》がひびきました。

「照屋《てるや》！　隊長命令《めいれい》だ。真喜屋《まきや》の家はぜんぶ焼《や》き払《はら》え」

「えっ？」

「命令《めいれい》だ。家を焼《や》くんだ」

上官《じょうかん》はつぎつぎと家に火をつけてまわっています。

「アメリカに使わせないためだ。さあ、お前もやるんだっ！」

「ああっ、い、家が！」

義松《よしまつ》さんの家も燃《も》え上《あ》がっていました。義松さんは、夢中《むちゅう》で火を消そうとしました。

しかし、部落中の家という家が燃え上がり、手のつけようがありません。

「退却《たいきゃく》だ！　急げ」

隊長《たいちょう》の声が響《ひび》きました——。

護郷隊《ごきょうたい》の攻撃《こうげき》で、義松《よしまつ》さんの家のあたりはほとんどが全焼《ぜんしょう》しました。

住民《じゅうみん》たちはわずかに残《のこ》された納屋《なや》や家畜《かちく》小屋に身を寄《よ》せ合《あ》い、暮《く》らしていくことをしいられました。

戦後《せんご》、義松さんは、焼《や》け野原《のはら》となった真喜屋《まきや》にもどり、家々を再建《さいけん》するための木を切り出す仕事につきました。

「ふるさとを護《まも》る」はずだった、護郷隊が、日本本土を護るためにふるさとを傷《きず》つけたのです。

きびしい訓練《くんれん》でゲリラ兵《へい》に育てられた玉那覇《たまなは》有義《ゆうぎ》さん。子どもであることを利用《りよう》して、アメリカ軍《ぐん》の基地《きち》を偵察《ていさつ》し、奇襲攻撃《きしゅうこうげき》をおこないました。

その後、有義さんは戦闘中《せんとうちゅう》にアメリカ軍につかまり、収容所《しゅうようしょ》で終戦《しゅうせん》を迎《むか》えました。

しかし、ともに護郷隊《ごきょうたい》に入ったおさななじみは、戦死《せんし》しました。となり同士《どうし》で育った親友でした。

有義さんは負傷《ふしょう》したおさななじみを、戦場《せんじょう》から連《つ》れ帰《かえ》ることができませんでした。

戦争中《せんそうちゅう》、有義《ゆうぎ》さんは、おさななじみの伊佐常正《いさじょうしょう》さんとずっと行動をともにしていました。

有義さんは、負傷《ふしょう》した常正さんを背中《せなか》にしょって、森のなかを移動《いどう》しつづけていました。

「けがは、どうだ?」

休憩中《きゅうけいちゅう》に、水筒《すいとう》の水を飲ませながら、有義さんがたずねると、常正さんがこたえました。

「なにも感じないんだ。みてくれないか」

傷口《きずぐち》から血がにじんでいます。

「だいぶ、うんでる。包帯《ほうたい》をかえないと」

「有義《ゆうぎ》、すまん。ずっとお前におぶってもらって。なにからなにまで……」

　苦しそうな常正《じょうしょう》さんの目からなみだがあふれました。

「なに、いってる！　友だちだろ！　おれな、いくさが始まってから、心が、なんだかわけがわからなくなってきてよ……。でも、お前のことは助けたいさ」

「有義、中隊長《ちゅうたいちょう》が呼《よ》んでるぞ」

　中隊長に呼ばれた有義さんは、常正さんを置《お》いて、その場をはなれました。

有義《ゆうぎ》さんに中隊長《ちゅうたいちょう》が言いました。

「隊《たい》はこれから東村《ひがしそん》有銘《あるめ》へと転進する。きさまはたしか有銘の出身だったな。斥候《せっこう》を命ずる」

「はいっ」

有義さんは、斥候の任務《にんむ》につくため、軍服《ぐんぷく》を着物に着替《きか》えました。

「有義、村へいくのか」

木の根元に横たわった常正《じょうしょう》さんが有義さんに声をかけました。

「おれは、もう、帰れないかもな」

「ばかいうな！　おれはアメリカの様子をさぐってくる。もうすぐだ。もうすぐいっしょに帰れる」

「村に帰ったら、おかあにおれのことをつたえてくれよ。そうだ……さーたー（砂糖《さとう》）のかけらをもらってきてくれ。あまいものを……たべたいさぁ……」

「いいよ。さーたーをかじったら、げんきでるさぁ。行ってくる！」

有義《ゆうぎ》さんは山道を必死《ひっし》で下りました。あともう少しで有銘《あるめ》というところまできた時です。

「Freeze!（動くな！）」

突然《とつぜん》、銃《じゅう》をもった米兵《べいへい》が有義さんの前にたちふさがりました。

「ハ、ハロー。ノー、ジャパンアーミー（日本軍《にほんぐん》ではありません）」

日本軍の斥候《せっこう》とわかったら殺《ころ》されるかもしれません。有義《ゆうぎ》さんは、片言《かたこと》の英語《えいご》で必死《ひっし》に話しかけました。

しかし、

「Hey, Look. He has a army water bottle.（こいつ日本軍の水筒《すいとう》を持ってるぞ）」

「Yeah, he seems suspicious.（怪《あや》しいぞ）」

有義さんは、米兵《べいへい》に銃《じゅう》をつきつけられたまま、収容所《しゅうようしょ》まで連《つ》れて行《い》かれました。

「ノー！　ノー！」

　このころには、アメリカ軍《ぐん》は民間《みんかん》人《じん》のふりをしたゲリラの存在《そんざい》を把握《はあく》していたのです。

「Hurry up!（早く！）」

「ノー！　ノー！」

　有義《ゆうぎ》さんのさけぶ声を聞いて、列を作っていた村人の中から、一人の女性《じょせい》が飛《と》び出《だ》してきました。

「有義！　あっ、有義！」

「ねえねえ！」

　飛《と》び出してきたのは、有義さんのお姉さんでした。二人はしっかりと抱《だ》き合《あ》いました。

米兵《べいへい》にお姉さんは、きっぱりといいました。

「弟！　弟の有義《ゆうぎ》！　ファミリーよ！」

米兵は、仕方がないというふうに首をふって、有義さんをお姉さんにひきわたしました。

「よかったー。あんた、よく生きていたね。こっちの列に入ればだいじょうぶ。食べ物もくれるし、お医者もいて、けがもなおしてくれるってよ」

思いがけずお姉さんと出会えた有義さんは、ほっとしていました。でも――。

「あっ、そうだ、山に常正《じょうしょう》がいるんだ！おれのことを待っているんだ！」

お姉さんは、だまって何度も首をふりました。

「ああ……」

有義《ゆうぎ》さんは、常正さんのことを思い、どうしたらいいか分かりませんでした。

その夜、常正さんは亡《な》くなったということです。

戦後《せんご》、有義さんは常正さんの両親に、常正さんとは途中《とちゅう》で別《わか》れ別れになったとしかいえず、戦死《せんし》したことは話せませんでした。

最後《さいご》の大激戦《だいげきせん》――

自分が自分で

なくなってしまう戦争《せんそう》

一九四五年五月。アメリカ軍《ぐん》は沖《おき》縄《なわ》本島北部をほぼ制圧《せいあつ》。恩納岳《おんなだけ》には、護郷隊《ごきょうたい》にくわえ、付近《ふきん》からのがれてきた日本兵《にほんへい》もたてこもっていました。当時一七歳《さい》だった玉那覇盛一《たまなはせいいち》さんも護郷隊の一員として恩納岳にひそんでいました。

五月下旬《げじゅん》、恩納岳はアメリカ軍によって包囲《ほうい》されました。五月二四日、アメリカ軍は、恩納岳にたいし砲撃《ほうげき》を開始、護郷隊にとって最大規模《さいだいきぼ》の激戦《げきせん》がくりひろげられました。

わかっているだけで三六人の少年《しょうねん》兵《へい》が命を落としました。

大雨にふりこめられた盛一《せいいち》さんたちは、恩納岳山頂《おんなだけさんちょう》、機関銃壕《きかんじゅうごう》の中に待機《たいき》していました。

居眠《いねむ》りをしていた盛一さんに豊秀《とよひで》さんがいいました。

「盛一、いい夢《ゆめ》でも見てたのか？　楽しそうな寝顔《ねがお》だったぜ」

「いや、まあな。しかし、腹減《はらへ》ったなあ。もうカンパンもないし……」

盛一さんのお腹《なか》がなりました。

その時。

「おーい、雨があがったぜ。メシにしよう」

外から徳政《とくせい》さんの声がしました。

「メシって!?」

「いつものアレさ」

「あーあ、やっぱりヘゴかあ」

「ぜいたくいうなって。このヘゴだっていつまでもつか」

ヘゴは常緑《じょうりょく》のシダ植物です。茎《くき》に多量《たりょう》のデンプンがふくまれているのです。

「俺《おれ》たちは最前線《さいぜんせん》の機関銃分隊《きかんじゅうぶんたい》なんだから、うまいもん食わないとやってられないよ」

「さあ、グチはそれくらいにして、雨で崩《くず》れた壕《ごう》を直すぞ」

徳政《とくせい》さんが立ち上がりました。

スコップで土を掘《ほ》り返《かえ》しながら、盛一《せいいち》さんが言いました。
「なあ、徳政《とくせい》、豊秀《とよひで》……俺《おれ》、最近《さいきん》ちょっと変《へん》なんだ」
「そりゃあ、三か月も雨ざらしで風呂《ふろ》にも入らず、シラミにたかられていたら、変にならないほうが変さ（笑）」
と、豊秀さんが体中をかきながら、いいました。

「弾《たま》が飛《と》び交《か》い始めると、頭が真っ白になって、自分が自分じゃなくなるみたいなんだ。こんなのがずっとつづくと、家族のことも、お前らのことも、分からなくなってしまうんじゃないかって……」

「……俺《おれ》も同じさ。敵《てき》を殺《ころ》すのも、自分が死ぬのも、友だちが死ぬのも、どうでもよくなってしまう」

徳政《とくせい》さんがつぶやきました。

「ハハハ。みんな腹《はら》が減《へ》って気がめいってんのさ！　いくさに勝ったら、俺たちはふるさとを守った護郷隊《ごきょうたい》の勇士《ゆうし》さ。どんぶり何杯《なんばい》でも白いご飯《はん》が食えるぞ」

豊秀《とよひで》さんの言葉に、盛一《せいいち》さんは力なく笑《わら》いました。

その時、遠くで爆発音《ばくはつおん》がしました。

ドーン!

バン、バン!

戦闘《せんとう》が始まったのです。

三人はあわてて機関銃壕《きかんじゅうごう》にもどり、応戦《おうせん》をはじめました。

「敵《てき》が上ってくるぞ。撃《う》て!」

「は、はいっ」

機関銃を操《あやつ》っていた徳政《とくせい》さんがばったりと後ろに倒《たお》れました。

「と、徳政っ。徳政がやられたっ。盛一っ、徳政が―」

しかし、盛一《せいいち》さんは、ちらりと徳《とく》政《せい》さんを見ただけで銃《じゅう》を撃《う》ちつづけました。

この時、盛一さんは徳政さんの死を目《ま》の当《あ》たりにして、なにも感じませんでした。目の前の敵《てき》を殺《ころ》すことしか考えられなかったのです。

「豊秀《とよひで》、敵の数が多すぎる、このままじゃダメだ。中隊長《ちゅうたいちょう》に状況《じょうきょう》を報告《ほうこく》に行け！」

分隊長《ぶんたいちょう》が豊秀さんに命じました。豊秀さんはまじめでとことんまでやる性格《せいかく》でした。

「はいっ」

すぐさま飛《と》び出《だ》していった豊秀《とよひで》さん。壕《ごう》から出て、三メートルくらい行った時です。

ヒュルヒュル……ドーン！

迫撃砲《はくげきほう》が豊秀さんを直撃《ちょくげき》しました。豊秀さんは倒《たお》れたまま動きません。

「豊秀もやられたか……。盛一《せいいち》！　代わりに行け！」

「はいっ」

倒れた豊秀さんのわきを通って報《ほう》告《こく》に出る盛一さん。

豊秀さんは、体の左側《ひだりがわ》を爆弾《ばくだん》の破《は》片《へん》で切《き》り裂《さ》かれているようでした。

プープープーカーと息が漏《も》れるような音をさせていました。もう意識《いしき》はないようすです。

「わああー！」

盛一《せいいち》さんは大声をあげて走りぬけました。

同じ村に育ち、戦場《せんじょう》でもたがいにささえ合っていた友人たち。しかし、盛一さんは、その死を悲しいと感じることすらできませんでした。

やさしさも怖《こわ》さもなく、心が動かなくなり、自《みずか》ら判断《はんだん》もできず、命令《めいれい》のまま行動してしまう――「妄動《もうどう》」といわれる状態《じょうたい》でした。

瑞慶山良光さんのスケッチ

　自分が自分でなくなってしまう戦《せん》争《そう》の怖《こわ》さを、盛一《せいいち》さんはその後ずっとひきずることになるのです。

　さらに、恩納岳《おんなだけ》でおきたあるできごとが、少年たちの心に消えない傷《きず》を残《のこ》します。

　それは、恩納岳の山中にあった野《や》戦《せん》病院でおきました。

　戦況《せんきょう》が悪化すると大勢《おおぜい》の負傷兵《ふしょうへい》が運びこまれるようになります。瑞慶《ずけ》山良光《やまりょうこう》さんも負傷し、野戦病院にいました。

　負傷者は、みんな「水、水、水」とさけんでいました。

瑞慶山良光さんのスケッチ。軍医の腰にはピストルが

軽傷《けいしょう》だった良光《りょうこう》さんは、負傷兵《ふしょうへい》の運搬《うんぱん》を手伝《てつだ》っていました。その時、病院で拳銃《けんじゅう》を持った軍医《ぐんい》を目撃《もくげき》します。良光さんが病院からはなれたその瞬間《しゅんかん》、背後《はいご》で銃声《じゅうせい》が聞こえたといいます。

なぜ陣地内《じんちない》で銃声が聞こえたのか、疑問《ぎもん》に思った良光さんに、「軍医が歩けない負傷兵を撃《う》っている」と戦友《せんゆう》がおしえてくれました。

仲泊栄吉《なかどまりえいきち》さんは、こうした行為《こうい》を実際《じっさい》に目撃していました。栄吉さんは、恩納岳《おんなだけ》の戦《たたか》いで負傷した人を山《さん》頂《ちょう》近くの野戦《やせん》病院に運んでいました。

恩納岳《おんなだけ》の戦《たたか》いのあと、部隊《ぶたい》が撤退《てったい》するときにそれはおきました。同じ村出身の高江洲義英《たかえすぎえい》さんは、自力では歩けず、撤退できない状態《じょうたい》でした。

「高江洲義英、あの人をやる（殺《ころ》す）のを、見たわけよ。軍医《ぐんい》が、土手に（座《すわ》らせて）、（義英さんに）毛布《もうふ》かぶして、拳銃《けんじゅう》で……。今考えたら、もうほとんど、夢《ゆめ》か何かみたいですね……」

仲泊《なかどまり》さんは、当時、どうすることもできず、「戦争《せんそう》だから仕方がない」と自分にいい聞かせたといいます。

しかし、心に受けた傷《きず》は消えず、その記憶《きおく》を胸《むね》の内にしまい込《こ》んできました。

ともに戦《たたか》った仲間《なかま》が歩けなくなったとたん、殺《ころ》された――仲泊《なかどまり》さんは、凄《せい》惨《さん》な記憶とひとりで向き合わなければならなかったのです。

高江洲義英《たかえすぎえい》さんの死の真相は、遺《い》族《ぞく》にも伝《つた》えられないまま、七〇年がたちました。

義英さんの一〇歳《さい》年下の弟・義一《ぎいち》さんは、沖縄戦《おきなわせん》の犠牲者《ぎせいしゃ》の名前が刻《きざ》まれた「平和の礎《いしじ》」に通いつづけています。

「兄は護郷隊《ごきょうたい》に召集《しょうしゅう》されまして、一七歳《さい》で戦死《せんし》したんですけど、とても優《やさ》しいお兄さんだったと思っています」

「怪我《けが》が原因《げんいん》で戦死した」とだけ伝《つた》えられてきた兄。遺骨《いこつ》が届《とど》けられたとき、母が泣《な》き崩《くず》れたことを、今も覚《おぼ》えています。

「お袋《ふくろ》が納骨《のうこつ》のときに、頭蓋骨《ずがいこつ》を抱《だ》きしめて、『何であんたはこんな姿《すがた》になったのか』と半狂乱《はんきょうらん》になって、泣き崩れていました。ぼくは、それを見てもらい泣きしました」

わずか一七歳《さい》だった兄が、どのように傷《きず》つき亡《な》くなっていったのか？

義一《ぎいち》さんは、それを知りたいと思いつづけてきました。
しかし、仲泊《なかどまり》さんは、真実を告《つ》げれば遺族《いぞく》を傷《きず》つけてしまうのではないか――と思っていました。

六月二三日。沖縄戦《おきなわせん》の戦没者《せんぼつしゃ》を追悼《ついとう》する「慰霊《いれい》の日」。かつての隊員《たいいん》や遺族が護郷隊《ごきょうたい》の慰霊碑《いれいひ》を訪《おとず》れ、祈《いの》りを捧《ささ》げました。

高江洲《たかえす》義一さんも、兄の慰霊碑を訪れました。仲泊栄吉《えいきち》さんが、やってきました。

二人は護郷隊慰霊碑の前で握手《あくしゅ》を交《か》わしました。

「義英《ぎえい》の弟です。護郷隊《ごきょうたい》で亡《な》くなりました。戦死《せんし》です。仲泊《なかどまり》さんがおわかりであったら、少し、お話をお伺《うかが》いしたい――」

仲泊さんは、自分が見た事実を、なかなか打ち明けることができませんでした。

「僕《ぼく》の兄は、自決しているわけですか?」

「うーん、自決じゃない」

「どういう状況《じょうきょう》でした?」

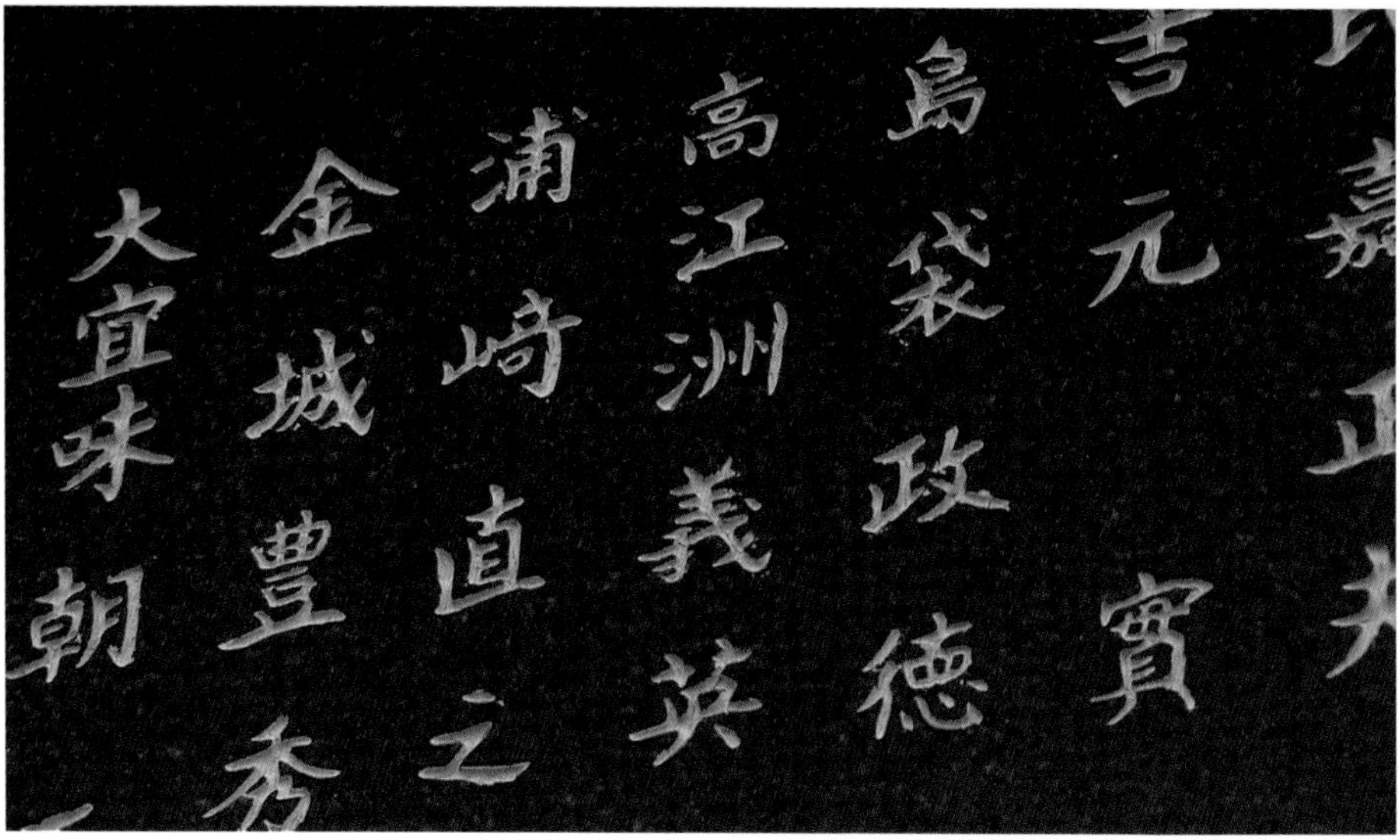

「あの、わからんが……、元気そうだったよ。顔もあるしね……、その当時は……、歩けん人は……、歩けん人は、軍医《ぐんい》がね……。

その……、そうなったんですよ。それを僕《ぼく》が……、その場で見たわけですからね……」

「ああ……」

「これは、いってもいいのかなあ、いいかなあ……」

「はい」

栄吉《えいきち》さんの目を見つめてうなずく義一《ぎいち》さん。

「こわいよ……。あれで……、拳銃《けんじゅう》で、拳銃で撃《う》ったんだよ」

「ああ、拳銃《けんじゅう》で……」

「ああ」

「なるほど。……ああ、拳銃でね。ああ……、そうですか……」

七〇年の時を経《へ》て、ようやく知ることができた、兄の最期《さいご》でした。

「ああ、わかりました。どうも」

「いやあ、それはもう、僕《ぼく》がね、いいにくくてよお」

「いいや。それをおっしゃった方がね、もう本人からは何もいえませんから」

国のために兵士《へいし》となり、そして、命を奪《うば》われた少年。

「ショックでした。（兄は）射殺《しやさつ》されるとは、おそらく思っていなかったんじゃないかな。兄はどんな無念《むねん》な思いで死んだかということを考えると、今日の証言《しようげん》というのは、その真実を知ることができて、よかったと（思います）」（高江洲義一《たかえすぎいち》さん）

少年たちは、一体、何のために戦《たたか》ったのか。

「お互《たが》い、護郷隊《ごきようたい》に行った連中《れんちゆう》は、国のために尽《つ》くすのが本分だって考えてるからね。戦争《せんそう》というのは、本当にもう残酷《ざんこく》よ」（仲泊栄吉《なかどまりえいきち》さん）

エピローグ

戦争《せんそう》とはなんだったのか

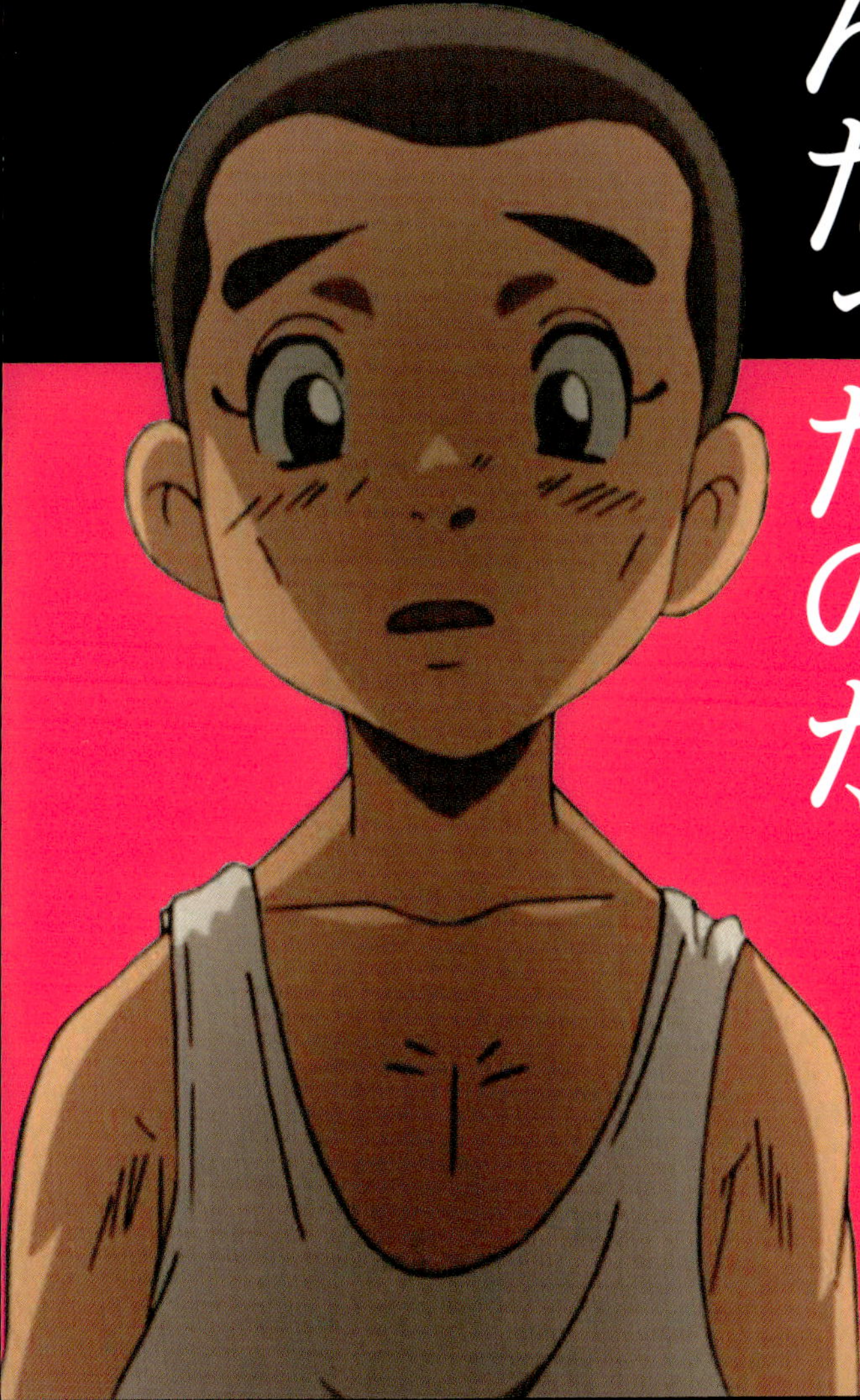

七〇年前、戦場《せんじょう》に送られた少年たち。現在《げんざい》の中学生から高校生にあたる年頃《としごろ》でした。

戦場で友人がつぎつぎと亡《な》くなっていくのを目《ま》の当《あ》たりにした玉那覇《たまなは》盛一《せいいち》さん。

ともに暮《く》らす曾孫《ひまご》は、中学二年生になりました。いま、戦争《せんそう》を知《し》らない子どもたちに伝《つた》えたいことがあります。

「この若《わか》い中学二年生たちの顔を見て、姿《すがた》を見て、あれだけはさせてはいけないなあと、もうこれ一筋《ひとすじ》です」

　一九四五年六月二三日、日本軍《にほんぐん》の組織的戦闘《そしきてきせんとう》が終結《しゅうけつ》。

　そして、七月のある日——。

「第二護郷隊《ごきょうたい》は、今日、いったん解散《かいさん》する！　みんな、これまでよく戦《たたか》った。だが、この戦力《せんりょく》では、戦闘はつづけられん。おのおののふるさとにもどり、潜伏《せんぷく》せよ。本土から援軍《えんぐん》が来しだい、再決起《さいけっき》する！」

　集まった隊員《たいいん》たちの前で隊長《たいちょう》が訓《くん》示《じ》しました。隊員たちにざわめきがひろがります。

「どういうことだ、終わりじゃないのか？」

「命令《めいれい》があるまで待てということだろう」

（徳政《とくせい》も、豊秀《とよひで》も、死んでしまった。俺《おれ》ひとり、村に帰ったって……）

盛一《せいいち》さんは心の中でつぶやいていました。

（どうしよう……）

盛一さんはふらふらと山中をさまよいました。

いつのまにか盛一さんは、村の人たちが集められていた収容所《しゅうようしょ》の入り口に立っていました。

すると、

「せいいちーっ！　おかあだよ。よく生きていてくれたね。こんな子どもに人殺《ひとごろ》しさせるなんて、お偉《えら》いさんたちは何を考えてるのかね！　盛《せい》一《いち》ー！」

飛《と》び出してきたのは、お母さんでした。

「おかあ……」

盛一さんの目から大粒《おおつぶ》のなみだがあふれました。

「うわあ……」

護郷隊《ごきょうたい》で戦死《せんし》した少年兵《しょうねんへい》は、わかっているだけで一六二人にのぼります。
生《い》き残《のこ》った人たちは戦争《せんそう》とはなんだったのか、考えつづけています。
「戦争は人間のやるものではない。上の連中《れんちゅう》は兵器《へいき》やミサイルをつくるよりもっといいことを考えた方がいい」（玉那覇盛一《たまなはせいいち》さん）
「なんで日本は沖縄《おきなわ》に戦争をさせたのか。負けることはわかっていたのにということを考える」（玉那覇有義《たまなはゆうぎ》さん）
「個人的《こじんてき》には二度と戦争《せんそう》には行きたくない。戦争に近づく道を選択《せんたく》しないようにしたい」（東江平之《あがりえなりゆき》さん）

——決してあの日をくり返してはならない。少年兵《しょうねんへい》たちは戦争《せんそう》を知らないわたしたちにうったえています。

あとがき

戦時下《せんじか》の沖縄《おきなわ》で、幼《おさな》い子どもたちが兵士《へいし》とされ、戦場《せんじょう》でゲリラ兵《へい》として戦《たたか》っていた――。

太平洋戦争下《たいへいようせんそうか》の日本で、激《はげ》しい地上戦《ちじょうせん》が行われた沖縄。その知られざる歴史《れきし》を初《はじ》めて聞いた時には、身震《みぶる》いする思いだった。戦況《せんきょう》が悪化し、兵力不足《へいりょくぶそく》に見舞《みま》われた日本は、子どもを戦場に送り出していたのだ。

戦後《せんご》七〇年、今も、世界の各地《かくち》で悲惨《ひさん》なテロが繰《く》り返され、子どもたちが犠牲《ぎせい》になる痛《いた》ましい出来事をニュースは繰り返し伝《つた》えている。子どもが戦争《せんそう》に巻《ま》き込《こ》まれるような事態《じたい》は、異国《いこく》の出来事だと思いがちな「戦争を知らない世代」に、沖縄の歴史《れきし》を伝《つた》えたい、それが取材《しゅざい》の出発点だった。

沖縄北部、灼熱《しゃくねつ》のジャングルに身を潜《ひそ》め、ゲリラ兵《へい》として戦った少年たち。幼《おさな》なじみの友だちを目の前で撃《う》ち殺《ころ》された少年。銃弾《じゅうだん》が飛《と》び交《か》うジャングルをくぐり抜《ぬ》け、米軍《べいぐん》のキャンプを爆破《ばくは》したという少年。

少年たちは、あまりに凄惨《せいさん》な戦場《せんじょう》での体験《たいけん》を、誰《だれ》にも話すことができずに心の奥《おく》にしまい込《こ》んでいた。その元少年兵《もとしょうねんへい》たちが戦後《せんご》七〇年経《た》った今、「戦争《せんそう》の記憶《きおく》を伝《つた》え残《のこ》したい」と記憶の扉《とびら》を開き、事実を語ってくれたのだ。

元少年兵たちの証言《しょうげん》の数々――それは長い間、封《ふう》じ込《こ》めてきた戦争の真実だった。

少年ゲリラ兵《へい》による部隊《ぶたい》の名前は「護郷隊《ごきょうたい》」――故郷《ふるさと》を守るための戦争だと信《しん》じて闘《たたか》った少年は、過酷《かこく》な訓練《くんれん》の渦中《かちゅう》、上官《じょうかん》に叱責《しっせき》された言葉を覚《おぼ》えていた。

「（敵《てき》を）一〇人殺《ころ》したら死んでもいい。一〇人殺せば、勝てる」

そして、戦場に立った少年たちは、心も破壊《はかい》されていった。

「敵が死ぬのも、友が死ぬのも、自分が死ぬことすら、どうでもよくなっていた」

戦争がひとたび起きると、国も人も変《か》わってしまうということ――そして、戦場で子どもたちが人間の心を壊《こわ》され、「かけがえのない命」の大切さを見失《みうしな》っていったこと――そのことを「戦争《せんそう》を知らない子どもたちへ」伝《つた》えたい。それは、決意をもって取材《しゆざい》に応《おう》じて頂《いただ》いた全《すべ》ての元少年兵《もとしようねんへい》の方々の思いであるとともに、わたしたち取材スタッフ一同の思いでもある。
「今、伝えたい思いを語って欲《ほ》しい」という問いに元少年兵の一人が答えてくれた言葉を最後《さいご》に記《しる》したい。

「二度と戦争だけには行きたくない。戦争に近づくような道を、ちょっと戦争からかけ離《はな》れた選択肢《せんたくし》であっても、選択しないように。小さなことを重ねていくとね、ひどい目に遭《あ》いますから」

戦争を二度と繰《く》り返してはならない――この本を手にとった方々に届《とど》けたいのは、その一念《いちねん》だ。

二〇一六年一月

NHKスペシャル「あの日、僕《ぼく》らは戦場《せんじよう》で」取材スタッフ一同

アニメドキュメント

あの日《ひ》、僕《ぼく》らは戦場《せんじょう》で――少年兵《しょうねんへい》の告白《こくはく》

2016年2月25日　初　版　　　NDC916　94P　22cm

作　　者　NHK《エヌエイチケイ》スペシャル制作班《せいさくはん》
発 行 者　田所稔
発 行 所　株式会社 新日本出版社
〒151-0051 東京都渋谷区千駄ヶ谷4-25-6
電話　営業03(3423)8402/編集03(3423)9323
info@shinnihon-net.co.jp
www.shinnihon-net.co.jp
振替番号　00130-0-13681
装丁・本文レイアウト　商業デザインセンター 松田珠恵
印　　刷　光陽メディア
製　　本　小泉製本

ISBN978-4-406-05942-8　C8031　Printed in Japan